나를 지키고
너를 사랑하는
관계 맺기 연습

Copyright ⓒ Shenzhen Hantu Culture Development Co., Ltd.
Originally published in Chinese by Guangdong People's Publishing House
The Korean translation rights arranged through Rightol Media (Email: copyright@rightol.com)

이 책의 한국어판 저작권은 Rightol에이전시를 통해 저작권자와 독점 계약한 카시오페아에 있습니다.
저작권법에 의해 한국 내에서 보호를 받는 저작물이므로 무단 전재와 무단 복제를 금합니다.

나를 지키고 너를 사랑하는
관계 맺기 연습

한 투 편저
김희정 옮김

■ 편집자의 말

'건강'이라는 말은 몸뿐만 아니라, 마음 건강도 의미합니다. 초등학교라는 작은 사회에 발을 들인 아이들은 한층 넓은 세상과 다양한 사람 그리고 자기 자신을 마주하게 되죠. 몸과 마음이 성장하는 이 결정적 시기에 아이들은 수많은 문제를 맞닥뜨리며 무궁무진한 고민을 하기 시작합니다.

> 친구와 다투면 양보하고 말래! 좋아하는 과목만 들을 거야! 아무리 노력해도 소용없는 것 같은데? 친구와 사이가 안 좋아졌어. 다시는 친구를 사귀지 않을 거야! 나쁜 습관과 헤어질래! 가족 때문에 억울해! 너무 긴장돼! 왜 쟤는 인내심이 없지? 칭찬하기는 너무 어려워. 어떻게 거절해야 할지 모르겠어! 다른 사람들과 생각이 달라!

초등학생의 눈에 이런 문제와 고민은 태산처럼 느껴집니다. 결국 자신감과 통제력, 적극성과 사회성을 꽁꽁 옭아매 아이들을 나약하게 만들죠. 아이들은 이런 문제와 고민에서 스스로 벗어나기 쉽지 않습니다.

저희는 이런 어려움을 해결하고자 다수의 심리 전문가와 함께 「만화로 읽는 초등 자기계발」 시리즈를 만들게 되었습니다. 초등학생이 일상에서 마주하는 갖가지 문제를 해결하는 방법을 이해하기 쉬운 스토리와 만화 형식으로 설명합니다. 이를 통해 아이들은 훌륭한 심성, 꿋꿋한 의지와 원

만한 인간관계, 온전한 인격과 건강한 마음 상태를 지닌 청소년으로 성장할 수 있습니다.

아이들이 자기 내면을 이해하고, 마주할 좌절과 어려움을 성장의 양분으로 삼는데 이 시리즈가 도움이 되기를 바랍니다. 부모님들에게는 이 책이 성장기 아이를 더 나은 길로 인도하는 수단이 되길 바랍니다.

「만화로 읽는 초등 자기계발」 시리즈와 함께라면 아이들이 마음속에 쌓아 둔 고민을 깨부수고 나와 조금씩 더 강해질 거라고 믿습니다. 어떤 어려움을 맞닥뜨리더라도 결국 그 장해물을 뛰어넘어 더 멋지게 성장할 거예요!

■ 등장 인물

강환희 11살, 5학년. 강질주의 누나이다. 공부를 잘하며 자존심이 세다. 좋아하는 것도 취미도 많다.

강질주 8살, 2학년. 강환희의 동생. 장난꾸러기이지만 사랑스럽다. 어른을 어려워한다.

왕고은 강환희와 같은 반 단짝. 예쁘고 공부도 잘하며 다재다능하다.

이강한 강질주의 앞자리 친구. 활발하고 한번 무언가를 좋아하면 푹 빠진다. 살짝 덜렁댄다.

천산호 애교 많은 깜찍한 친구. 하지만 남에게 많이 의지하는 성향이 있다.

온누리 늘 반장을 도맡는 공붓벌레. 정의롭고 완벽을 추구하는 도도한 친구.

한빛 선배 아동 심리학 전문가. 아이들의 좋은 친구. 태양처럼 밝고 명랑하다.

도 여사님 강환희와 강질주의 엄마. 아름답고 지혜롭다. 아이들의 의사를 존중하고 함께 이야기하는 것을 좋아한다.

강 선생님 강환희와 강질주의 아빠. 깐깐한 원칙주의자이며, 자신의 일을 사랑한다.

왕 선생님 국어 선생님. 아이들을 사랑하며 책임감이 강하다. 가끔 일부러 엄하게 굴기도 한다.

옆집 진 씨 여사님 천산호의 엄마. 말투는 날카로워도 마음만은 따뜻하다.

목차 CONTENTS

1. 똑똑하게 '나'를 표현하고 싶어요

01. 자기소개 할 때마다 할 말이 없어서 난감해 • 012

02. 내 생각을 정확하게 말하기 힘들어 • 018

03. 발표만 하면 머릿속이 텅 비어 버려 • 024

04. 내 기분을 제대로 전달하기 어려워 • 030

2. 멋진 친구, 좋은 친구가 되고 싶어요

05. 친한 친구가 속상해할 때 어떻게 위로할까? • 038

06. 어떻게 하면 칭찬을 잘할 수 있을까? • 044

07. 도와달라고 하고 싶은데, 거절당하면 어쩌지? • 050

08. 부탁을 거절할 때는 어떻게 말을 꺼내야 할까? • 056

09. 친구가 놀리면 버럭 화부터 나 • 062

10. 누가 나를 오해해! • 068

11. 친구와 싸웠는데 어떻게 화해하지? • 074

12. 잘못은 했지만, 사과하기는 너무 창피한걸 • 080

3. 단체 활동을 잘하고 싶어요

13. 어떻게 하면 자연스럽게 동아리에 들어갈 수 있을까? • **088**

14. 단체 활동에 친구들이 협조를 안 해 • **094**

15. 토론하는데 다른 사람들과 생각이 달라! • **100**

4. 친구 집에 놀러 갔어요

16. 처음으로 친구 생일 파티에 간다면 • **108**

17. 친구 집에 놀러 갔는데 친구가 바빠. 어떡하면 좋지? • **114**

5. 선생님과 잘 지내고 싶어요

18. 조퇴 허락은 어떻게 받지? • **122**

19. 선생님께 혼났어 • **128**

20. 선생님께 내 의견을 말하기 • **134**

똑똑하게 '나'를 표현하고 싶어요

01. 자기소개 할 때마다 할 말이 없어서 난감해

02. 내 생각을 정확하게 말하기 힘들어

03. 발표만 하면 머릿속이 텅 비어 버려

04. 내 기분을 제대로 전달하기 어려워

01 자기소개 할 때마다 할 말이 없어서 난감해

♥ 내 마음 들여다보기 ♥

자기소개를 할 때마다 어떤 기분이 드나요? (   )

A. 친구들에게 하고 싶은 말이 많아서 설레요!
B. 나를 어떻게 소개해야 친구들이 잘 기억하는지 알고 있어요.
C. 매번 자기소개가 단순해요. 소개가 끝나도 친구들은 날 기억 못 해요.
D. 자기소개가 제일 어려워요. "내 이름은 ○○○이야."라는 말 이외엔, 할 말이 없어요.

마음속 고민

한빛 선배가 도와줄게

이름에 담긴 재미난 이야기를 해 봐.

방법 1 이름에는 보통 부모님이 아이에게 거는 기대나 축복이 담겨 있어요. 또한 아이의 성격과도 연관되어 있죠! 자기소개할 때 자신의 이름을 말하고 그 이름에 담긴 재미있는 이야기를 해 보세요. 많은 친구가 흥미로워하며 여러분의 이름을 기억할 거예요.

한빛 선배가 도와줄게

좋아하는 것이나 취미를 말해 봐.

방법 2 취미는 그 사람을 나타내는 명함과 같습니다. 자기소개를 할 때 좋아하는 취미나 우상을 얘기해 보세요. 그러면 새로운 친구들이 여러분을 빠르게 파악할 수 있어요. 같은 취미가 있는 친구는 더 쉽게 여러분을 기억할 테니, 금방 친구가 될 거예요!

한빛 선배가 도와줄게

앞으로 친구들과 즐겁게 지내고 싶다는 소망을 표현해 봐.

방법 3 자기소개 맨 마지막에, 앞으로 어떻게 한 해를 보내고 싶은지 소망이나 다짐을 말해 보세요. 친구들과의 거리가 한층 좁혀질 거예요.

조금씩 성장하는 우리

　자기소개는 새로운 친구들에게 '나'를 알릴 수 있는 좋은 기회야. 누군가에게 깊은 인상을 주고 싶다면 이름에 담긴 의미나 이야기를 들려주자. 그런 후에는 취미를 이야기해 보자. 같은 취미를 가진 친구의 관심을 불러일으키는 거지. 마지막으로 친구들과 함께 보낼 시간에 대한 기대감을 표현하면 돼.

● 시작하는 말: 이름 말하기

● 본론: 취미 얘기하기

● 끝나는 말: 앞으로 어떻게 한 해를 보내고 싶은지 이야기하기

도움이 될 만한 표현들

- 내 이름은 ＿＿＿＿이야. 옛날 시에서 따온 건데….
- 나는 ＿＿＿＿을 무척 좋아해. 같은 취미가 있는 친구를 사귀면 좋겠어.
- 나는 ＿＿＿＿을 잘 못 하지만….
- 친구들아, 앞으로 잘 부탁해.

02 내 생각을 정확하게 말하기 힘들어

♥ 내 마음 들여다보기 ♥

내 생각을 다른 사람에게 말할 때, 보통 어떻게 하나요? (　　)

A. 깊이 생각하기 싫어서 그냥 생각나는 대로 말해요.
B. 틀릴까 봐 두려워서 작은 목소리로 말해요.
C. 논리 정연하게 내 생각을 표현해요.
D. 남의 의견은 신경 쓰지 않고 말하고 싶은 대로 말해요.

마음속 고민

한빛 선배가 도와줄게

핵심을 분명하게 말해 봐.

친구들에게 좋아하는 책을 추천해 볼까요?

《강아지똥》은 잘 쓴 책이야. 언어가 무척 아름답고, 작가는 '권정생'이고, 동화이고, 무척 감동적이고….

책을 제대로 읽은 거래?

무슨 내용을 말하고 싶은 거지?

환희야, 말하려는 내용을 정리한 다음에 다시 이야기하자.

내가 추천하고 싶은 책은 《어린 왕자》야. 내용이 따뜻하고 상상력이 넘쳐.

그래, 나도 추천할 책의 제목을 먼저 말한 다음 이유를 말해야겠다.

《강아지똥》을 추천해. 감정선이 섬세하고 공감되는 이야기가 무척 많아.

그 책 읽어 보고 싶어!

방법 1 먼저 전달하고 싶은 핵심 내용이 무엇인지 생각해 봅시다. 그 이야기를 왜 하고 싶은지 '목적'을 염두에 두고, 말하려는 내용을 되짚어 보세요. 그런 다음 한두 가지 핵심 내용을 추려서 이야기하면 듣는 사람이 더 쉽게 이해할 수 있답니다.

한빛 선배가 도와줄게

논리적으로 근거를 나열하며 생각을 표현해.

방법 2 생각을 표현하기 전, 먼저 머릿속으로 생각을 정리하세요. 발표할 때는 핵심 내용부터 이야기하고 그렇게 생각하는 이유를 설명해요. 일상이나 역사를 예로 들어서 설명할 수도 있어요. 그렇게 하면 논리 정연할 뿐만 아니라 설득력도 생긴답니다.

한빛 선배가 도와줄게

친구의 조언을 귀담아듣고 의견을 적절하게 수정해 봐.

방법 3 생각을 전달할 때는 타인의 의견을 귀담아들어야 해요. 친구들의 조언을 통해 빠르게 생각을 조정할 수도 있고 더 나은 아이디어가 나올 수도 있거든요. 친구들과 소통하면 할수록 공감대가 잘 형성될 거예요.

조금씩 성장하는 우리

발표할 때, 먼저 무엇을 말하고 싶은지 분명히 하고 핵심 내용을 한두 가지로 간추려. 물론 핵심 내용만 말해서는 안 돼. 왜 그렇게 생각하는지 설명할 수 있어야 하고, 설득력 있는 사례를 통해 내 생각을 증명해야 해. 누가 반대 의견을 내면 상대의 의견에 따라 내 생각을 적절하게 바꿀 수도 있지. 그럼 상대방이 내 의견을 더 쉽게 받아들일 수 있어.

도움이 될 만한 표현들

☐ 내가 말하고 싶은 핵심은 _____.

☐ 첫째, _____. 둘째, _____.

☐ ○○○이 _____라는 말을 했어.

☐ 네 생각도 일리가 있어.

03 발표만 하면 머릿속이 텅 비어 버려

♥ 내 마음 들여다보기 ♥

학업 성적 우수상을 받았어요. 이때 여러분의 수상 소감은? (   )

A. 선생님, 감사합니다. 친구들아, 고마워. 부모님과 교장 선생님께도 감사해요.
B. 드디어 내 노력이 빛을 발했어. 고마워, 친구들아!
C. 내 우수한 성적에 박수를 보낼래요. 역시 난 이 상을 받을 만해!
D. 선생님과 친구들이 도와준 덕분에 이런 성적을 받을 수 있었어요.

마음속 고민

한빛 선배가 도와줄게

너의 기분부터 말해 봐.

방법 1 먼저 선생님과 친구들에게 예의 바르게 인사한 다음, 상을 받은 기분을 말해 보세요. 그러면 자연스럽게 소감을 이어 나갈 수 있고 긴장을 푸는 데도 도움이 된답니다.

한빛 선배가 도와줄게

도움을 준 친구들을 떠올려 보고 고마움을 전해 봐.

— 이건 '청소 검사표'란다. 빠진 곳 없게 신경 쓰렴.
— 네.

— 고은아, 산호가 일이 있어서 일찍 가야 한대. 혹시 청소 도와줄 수 있어?
— 그럼, 물론이지!

— 오늘은 우리 조가 청소 당번이야. 각자 뭐 할래?
— 유리창 닦기.
— 물 뿌리기.
— 바닥 쓸기.

— 지도해 주신 담임 선생님께 감사드려요. 저희 조원들도 함께 노력했고 고은이도 도와줬어요. 청소 당번 첫날, 저희 조는….

방법 2 영광스러운 상을 받기까지 주변 사람들의 도움과 응원을 빼놓을 수 없죠. 소감을 말할 때, 다 함께 노력한 사례를 언급하거나 주변 사람들에 대한 고마운 마음을 전하면 소감이 더 생생하고 흥미로워질 거예요.

한빛 선배가 도와줄게

배운 점과 더불어 새로운 다짐을 말해 봐.

방법 3 우리가 받는 상은 과거의 노력에 대한 포상이에요. 하지만 우리는 상 자체보다 과정에서 더 많은 것을 얻기도 하죠. 수상 소감 맨 마지막에 노력의 과정에서 배운 점을 정리해 보면 더 발전하는 내가 될 수 있어요.

조금씩 성장하는 우리

　수상 소감은 과거의 나를 긍정하는 일이야. 지금, 이 순간 기분이 어떤지 말하면서 긴장을 풀어 봐. 그런 다음 도움받았던 일과 재미있었던 사건을 덧붙여 보는 거지. 마지막으로 그동안 배운 점과 계속 발전해 나가겠다는 다짐으로 마무리해. 그럼 알차고 흥미로운 수상 소감이 될 거야.

● 지금 기분

● 고마운 마음

● 나의 미래

도움이 될 만한 표현들

☐ 지금 이 감동은 말로 표현할 수가 없어요.

☐ ○○○에게 정말 고마워요. 왜냐하면….

☐ 계속 노력하고 발전해서 더 큰 성공을 이룰 수 있도록 하겠습니다.

04 내 기분을 제대로 전달하기 어려워

♥ 내 마음 들여다보기 ♥

너무너무 화가 날 때, 여러분은 어떻게 하나요? (　　)

A. 고함을 지르고 신경질을 낸다.

B. 마음속에 담아 두고 밖으로 드러내지 않는다.

C. 상대방과 싸운다.

D. 차분하게 내가 느낀 감정을 설명하고 상대방의 행동이 어땠는지 알려 준다.

마음속 고민

한빛 선배가 도와줄게

분노에 휩쓸려 이성을 잃지 말고 심호흡을 해 봐.

방법 1 화가 나면 사소한 데 집착하게 되고 감정 통제가 어려워져서 내 생각을 제대로 표현하지 못해요. 이럴 때 가장 좋은 방법은 심호흡하는 거예요. 그럼, 분노라는 감정에 휩쓸려 이성을 잃지 않을 수 있죠. 일단 진정이 돼야 자기 생각을 훨씬 잘 전달할 수 있어요.

한빛 선배가 도와줄게

객관적인 사실과 솔직한 감정을 말해 봐.

— 왜 그래?
— 강한이가 내 공책을 망가뜨려서 화가 났는데 분명하게 말을 못 했어.

— 넌 어떻게 했는데?
— 순간 욱해서 못된 말을 많이 했어.

— 너 일부러 그랬지? 진짜 손버릇 나쁘네.
— 말이 심한 거 아니야? 나 너랑 친구 안 해.

— 너는 네 기분을 말하고 싶었을 뿐, 공격할 뜻은 없었던 거지?
— 맞아, 화가 난다고 상처를 줘선 안 됐어.

— 강한아, 못되게 말해서 정말 미안해.
— 나도 잘못했는걸. 네 공책을 망가뜨렸잖아.

— 우리 아직 친구지?
— 당연하지!

방법 2 화가 나면 원래 하려던 말이 무엇인지 잊어버릴 때가 많아요. 분노에 차 상대방을 질책하거나 공격하는 대신 객관적인 사실만을 말해 봐요. 그럼 전달하려는 내용을 상대가 더 잘 받아들일 수 있답니다.

한빛 선배가 도와줄게

요구 사항과 제안을 분명하게 말해 봐.

방법 3 화가 나면 상대방에게 상처 주는 말을 할 수 있는데, 좋지 않은 행동이에요. 상대방에게 내가 입은 피해와 요구 사항을 알려 주고, 그 행동을 그만두게 해야 합니다. 그리고 비슷한 일이 또 생기지 않도록 나만의 기준을 분명히 밝혀요.

조금씩 성장하는 우리

분노라는 감정은 억눌러도 안 되지만, 무작정 표출해서도 안 돼. 상대방에게 내가 원하는 걸 제대로 전달할 수 없기 때문이지. 우선 분노에 지배되지 않도록 심호흡을 해 봐. 감정이 차분히 가라앉았다면 왜 화가 났는지, 이를 상대방에게 어떻게 전달할지 생각해. 상대방에게 내가 원하는 것과 나만의 기준을 알려 주면 같은 일이 일어나는 걸 막을 수 있어.

🍋 심호흡하며 분노 가라앉히기

🍋 솔직한 감정을 표현하기   🍋 나의 바람과 제안을 분명히 전달하기

도움이 될 만한 표현들

☐ 네가 이렇게 하면, 나는 화가 나.

☐ 앞으로는 _____ 해 주면 좋겠어.

☐ 네가 또 그런 행동 한다면, 너를 용서하지 못할 것 같아.

☐ 일단 화를 가라앉히고 나서 분명하게 말해야지.

2

멋진 친구, 좋은 친구가 되고 싶어요

05. 친한 친구가 속상해할 때 어떻게 위로할까?

06. 어떻게 하면 칭찬을 잘할 수 있을까?

07. 도와달라고 하고 싶은데, 거절당하면 어쩌지?

08. 부탁을 거절할 때는 어떻게 말을 꺼내야 할까?

09. 친구가 놀리면 버럭 화부터 나

10. 누가 나를 오해해!

11. 친구와 싸웠는데 어떻게 화해하지?

12. 잘못하긴 했지만, 사과하기는 너무 창피한걸

05 친한 친구가 속상해할 때 어떻게 위로할까?

♥ 내 마음 들여다보기 ♥

친구가 열심히 준비한 대회에서 실수했어요. 속상해하는 친구를 어떻게 위로하면 좋을까요? (   )

A. 괜찮아, 대회가 이번만 있는 것도 아니고 뭘 그렇게 속상해하냐? 게임이나 하러 가자.

B. 나는 꼴찌를 한 적도 있어. 너보다 훨씬 참담한 결과였지만, 그래도 웃었지.

C. 실패는 성공의 어머니야. 기운 내. 난 네가 다음에는 잘할 거라고 믿어!

D. 너한테 중요한 대회였을 텐데 속상하지? 나한테 얘기해도 돼. 내가 다 들어줄게.

마음속 고민

한빛 선배가 도와줄게

조용히 귀 기울여 듣고 진심으로 대답해 줘.

방법 1 꼭 무언가를 말해야만 위로가 되는 건 아니에요. 속상한 친구는 그 감정을 표출할 곳이 가장 필요해요. 조용히 들어주는 것이 때로는 제일 좋은 위로가 될 수 있어요. 우리가 진정으로 상대에게 '공감'하면 상대도 우리를 믿고, 자신의 솔직한 감정을 털어놓을 거예요.

한빛 선배가 도와줄게

친구가 감정을 표출하게 도와줘.

● 친구를 따뜻하게 껴안아 주기.

● 내가 항상 옆에 있음을 느끼게 해 주기.

방법 2 우는 것이 꼭 나쁜 일만은 아니에요. 크게 소리 내 울고 나면, 오랫동안 억눌렸던 감정이 분출되어 마음이 한결 가벼워지기도 하거든요. 친구가 울고 싶어 할 때, 그 감정을 표출할 수 있도록 어깨를 내주거나 따스하게 안아 주세요.

한빛 선배가 도와줄게

적절한 위로와 함께 친구가 현실을 받아들이게 도와줘.

방법 3 작은 태양처럼 긍정적인 에너지를 전달하세요. 단, 친구가 속상한 감정을 풀어내고 차분해진 이후여야 해요. 이때 적당한 격려와 의견을 제시하면 친구도 현실을 더 잘 받아들일 거예요.

조금씩 성장하는 우리

　누구나 울적할 때가 있어. 친한 친구가 기분이 안 좋으면 최선을 다해 도와주자. 사소한 고민이라면 주의를 딴 데로 돌리는 것도 한 방법이야. 많이 슬퍼하는 상태라면 친구 이야기를 들어주고 곁에 있어 줘. 설득한다거나, 논리를 따지거나, 제안하는 건 반드시 친구의 감정이 차분해진 후여야 해. 간단히 정리하면 이거야. 들어주기, 함께 있어 주기, 제안하기.

- 친구가 기분이 안 좋을 때: 주의를 다른 데로 돌리기

- 친구가 많이 슬퍼할 때: 이야기를 들어주고 곁에 있기

도움이 될 만한 표현들

☐ 나랑 이야기 나눌래?

☐ 괜찮아, 얼마든지 들어줄게.

☐ 내가 늘 곁에 있을게.

☐ 지금 기분이 어때?

☐ 정말 어려운 일인데, 넌 이미 잘 해냈잖아!

☐ 이 일을 잘 해결할 거라고 믿어. 도움이 필요하면 나한테 말해.

06 어떻게 하면 칭찬을 잘할 수 있을까?

♥ 내 마음 들여다보기 ♥

친한 친구가 달리기 대회에서 1등을 했어요. 어떻게 칭찬할까요? (　　)

A. 너 달리기 잘 못했던 것 같은데, 이번에는 되게 빨리 뛰었네?
B. 너 진짜 운동의 달인이구나. 1등으로 좋은 성적을 낸 거 축하해!
C. 네가 이렇게 달리기가 빠른 줄 몰랐어!
D. 세상에, 네가 1등을 하다니!

마음속 고민

한빛 선배가 도와줄게

가장 좋은 칭찬은 진심이 담긴 칭찬이야.

— 한빛 언니, 시간 있어?
— 응. 무슨 일이야, 환희야?

— 오늘 선생님께서 고은이의 시를 읽어 주셨는데 너무 좋았거든. 근데 어떻게 칭찬해야 할지 모르겠어.
— 음, 넌 뭐라고 말했는데?
— 아무 말도 안 했어.
— 고은이가 널 칭찬할 때 "잘한다."라는 말 한마디만 해도 기분이 좋지 않아?

— 누구나 칭찬을 들으면 기분이 좋아. 그러니까 진심을 담아 네가 느낀 점을 말해 봐.
— 응.
— 고은아, 이번 대회에서 쓴 시 너무 좋더라!
— 그래? 너무 기쁘다. 고마워, 환희야!

방법 1 누구나 장점을 갖고 있고, 다른 사람에게 인정과 칭찬을 받고 싶어 해요. 타인의 강점과 장점을 발견하고 진심에서 우러나온 인정과 칭찬을 한다면 칭찬받은 사람도 무척 기쁠 거예요.

한빛 선배가 도와줄게

뒷이야기를 물어보는 방식으로 칭찬해 봐.

고은아, 어떻게 그런 좋은 시를 쓴 거야?

며칠 전, 엄마랑 나들이를 갔다 왔는데….

일어나렴, 오늘 나들이 가기로 했잖니!

가요, 엄마. 나 준비 다 됐어요!

정말 아름다운 봄이에요!

학교에서 동시 대회가 열린다면서? 봄을 주제로 시를 써 보렴!

그래서 봄에 관해 쓰기로 하고, 내가 느낀 점을 써 내려갔지.

어머님이 말씀하신 포인트를 네가 딱 짚어낸 거네. 넌 감정이 섬세하니까 그런 멋진 시가 나온 거야!

방법 2 뒷이야기를 물어보면 원인과 결과를 더 자세히 알 수 있어서 보다 구체적으로 칭찬할 수 있어요. 상대방에게도 더 감동을 줄 수 있답니다.

한빛 선배가 도와줄게

사소한 것에서부터 구체적으로 칭찬해 봐.

환희야, 이거 봐. 돌 틈에 작은 풀이 자랐어!

어머, 진짜 풀이 있네?

이 풀은 옆의 풀보다 푸릇한 것 같아.

정말 강인한 풀이네.

'평범하기 그지없는 풀도 바위틈에서 굳세게 자라난다.' 이렇게 써야겠다.

사람을 굳건하게 비바람에 맞서 싸우는 풀로 비유하다니, 고은아 정말 대단하다!

강인한 풀 하나

왕고은

방법 3 누군가를 칭찬할 때는, 사소한 것에서부터 구체적인 사실에 근거해 평가할 수 있어요. 대체로 "너 대단하다.", "너 정말 잘한다."와 같은 표현을 자주 하게 되는데, 여기에 구체적인 칭찬을 살짝 덧붙이면 훨씬 좋은 효과를 볼 수 있답니다.

조금씩 성장하는 우리

나도 처음에는 칭찬을 잘하지 못했는데, 칭찬하는 방법이 다양하다는 것을 알게 됐어. 친구가 어떻게 했는지 물어보고 그 배경 이야기에서부터 칭찬할 점을 찾을 수 있더라. 또 사소한 것에서부터 칭찬하는 방법도 있지. 어떤 방식으로든 내면에서 우러난 칭찬이라면 친구도 무척 기뻐할 거야.

도움이 될 만한 표현들

☐ 어떻게 했는지 말해 줄 수 있어?

☐ 너 _____ 쪽으로 정말 재능이 뛰어난 것 같아.

☐ 진짜 대단하다, 나 감탄했잖아!

☐ 나는 네가 _____에서 잘할 때 참 좋아!

07 도와달라고 하고 싶은데, 거절당하면 어쩌지?

♥ 내 마음 들여다보기 ♥

친구의 도움이 꼭 필요할 때, 어떻게 하나요? (   )

A. 깊이 생각하지 않고 곧장 친구에게 도와달라고 해요.
B. 거절당할까 두려워서 고민만 하고 행동으로 옮기지 못해요.
C. 상대방이 주저할 만한 점을 미리 생각한 다음 최대한 도와달라고 설득해요.
D. 친구가 도와준다고 할 때까지 귀찮게 징징거려요.

마음속 고민

한빛 선배가 도와줄게

거절을 두려워하지 마.

방법 1 살다 보면 자주 거절당하기도 하고 여러 이유로 타인의 부탁을 거절해야 할 때도 있어요. '거절은 흔한 일입니다. 그러니까 도움을 요청할 때 거절당할까 걱정하지 말고 마음을 편하게 먹어요.

한빛 선배가 도와줄게

상대방이 주저할 만한 이유부터 파악해 봐.

방법 2 먼저 상대방을 관찰한 뒤, 상대방이 도와주기를 망설일 만한 이유가 무엇일지 생각해 보아요. 그 이유에 따라 제시할 수 있는 대안을 생각해 두면 거절이 더는 두렵지 않을 거예요.

한빛 선배가 도와줄게

적절한 때를 찾아서 부탁해 봐.

방법 3 상대방이 바쁘지 않을 때, 혹은 기분이 좋을 때 요청하면 상대방이 부탁을 들어 줄 가능성이 커진답니다.

조금씩 성장하는 우리

　나는 다른 사람의 도움이 필요할 때가 많지만, 도움을 요청할 때 거절당할까 봐 두려워하지 않아. 도와 달라고 하기 전에 먼저 상대방이 불편할 일은 없을지, 망설일 만한 이유는 없는지 파악하거든. 그리고 성공 확률을 높이기 위해 상대가 바쁘지 않거나 기분이 좋을 때 부탁하곤 해.

도움이 될 만한 표현들

☐ 부탁이 있는데···.

☐ 걱정되는 게 있어? 뭔지 말해 줄래?

☐ 걱정할 만하네. 그럼 이렇게 하면 어때?

☐ 시간을 바꿔도 돼. 네가 편한 시간에 도와줄래?

08 부탁을 거절할 때는 어떻게 말을 꺼내야 할까?

♥ 내 마음 들여다보기 ♥

친구가 맨날 물건을 빌려달라는데, 빌려주기 싫어요. 여러분은 불합리한 친구의 요청을 어떻게 거절하나요? ( )

A. 벌써 몇 번이나 빌려줬잖아. 이번엔 안 빌려줄래!

B. 왜 맨날 내 거를 빌려? 너도 사!

C. 넌 내가 필요할지는 전혀 생각하지 않고, 네 생각만 하지!

D. 미안해, 무척 빌려주고 싶지만 나도 써야 해서.

마음속 고민

한빛 선배가 도와줄게

거절하는 걸 두려워하지 마. 그렇게 어려운 일이 아니야.

> 산호에게 책 빌려주기 싫은데, 산호가 상처받거나 나를 쩨쩨하다고 생각할까 봐 걱정돼.

> 우리 산호한테 가서 어떻게 생각하는지 직접 물어보자.

> 내 사전을 집에 안 가져갔으면 좋겠어. 나도 자주 찾아봐야 하는데 널 빌려주면 난 못 보거든.

> 진작 말하지. 너 써. 나는 다른 사람에게 빌려 볼게.

> 나한테 화 안 나?

> 내가 잘못했는걸. 네가 곤란할 거란 생각을 못 했어. 정말 미안해!

> 거절하는 걸 두려워하지 마. 거절한 후에도 걱정만큼 끔찍한 일은 없었지?

방법 1 진정한 친구라면 여러분이 희생하면서까지 자신들의 요구를 들어주길 바라지 않아요. 그러니까 불합리한 요구라고 생각되면 단호하게 거절하세요. 거절했다고 늘 안 좋은 일이 생기지는 않아요. 대체로 우리가 지레 겁먹는 것뿐이랍니다.

한빛 선배가 도와줄게

정직한 거절이라면 상대방도 이해할 거야.

방법 2 거절의 이유를 상대에게 솔직하게 말해요. 일부러 안 돕는 게 아니라 정말 어쩔 수 없다는 것을 알려 주면 상대도 그 진심을 느끼고 여러분을 곤란하게 안 할 거예요.

한빛 선배가 도와줄게

완곡하게 거절하면 상대방도 받아들이기 쉬워.

방법 3 간혹 우리는 거절하면서 지나치게 직접적으로 말할 때가 있어요. 그럼 상대는 받아들이기가 힘들죠. 거절할 때도 몇 가지 기술이 있답니다. 이를테면 먼저 도움을 주지 못해 미안하다는 뜻을 밝힌 다음 부드럽게 거절하면 상대도 한결 쉽게 받아들인답니다.

조금씩 성장하는 우리

거절은 생각처럼 어렵지 않아. 나는 누가 불합리한 요구를 해도 걱정이나 죄책감 때문에 부탁을 들어주진 않아. 그렇게 해 봤자 나만 속상하니까. 하지만 친구가 상처받지 않게 따뜻하고 무례하지 않은 선에서 거절 의사를 밝히지. 완곡하게 거절하기는 어렵기 때문에, 내가 몇 가지 비법을 연구해 봤어.

● 선 긍정, 후 부정하기

● 유머러스한 말로 거절하기

● 합리적으로 제안하기

도움이 될 만한 표현들

☐ 본인의 필요를 먼저 생각하는 게 옳아요.
☐ 불합리한 요구에는 용감하게 "싫어."라고 말해요.
☐ 널 도와줄 수는 없지만, 다른 방법을 생각해 볼게.
☐ 정말 미안해. 나도 도와주면 좋겠는데 해야 할 다른 일이 있어.

09 친구가 놀리면 버럭 화부터 나

🧡 내 마음 들여다보기 🧡

친구가 비웃고 놀리면 어떻게 하나요? (   )

A. 감히 나를 도발해? 또 해 보라지!

B. 그만하라고 한 다음, 얼마나 시시한 행동이었는지 말해 줘요.

C. 참기 힘들지만, 받아칠 엄두가 안 나서 혼자 꾹꾹 참아요.

D. 버럭 화를 내면서 재빨리 반박해요.

마음속 고민

한빛 선배가 도와줄게

상대가 무례한 장난치기에 흥미를 잃도록 차분하게 대해 봐.

방법 1 누가 도발하고 비웃는 말을 하거든 당황하지 말아요. 상대방이 그 순간 재미있자고 그런 말을 했다면, 그냥 웃어넘기면 그만이에요. 대꾸하지 않으면 상대도 흥미를 잃고 결국엔 하던 행동을 그만둘 거예요.

한빛 선배가 도와줄게

상대방이 그런 행동을 못 하도록 용감하게 제지해.

> 그만 조립하고 게임 하러 가자!

> 안 돼. 난 레고 대회 준비해야 해.

> 그게 뭐가 재미있냐? 가서 게임이나 하자!

> 안 된다니까. 겨우 이만큼 조립했는걸?

> 그런데도 순위권에 들길 바라냐? 괜히 헛수고 마!

> 넌 친구가 돼서 무슨 말을 그렇게 해!

> 자기가 못 하는 거면서….

> 나 진짜 화낸다. 계속 그러면 너랑 안 놀 거야!

> 내가 잘못했어, 미안.

방법 2 누가 우리를 조롱하고 놀리면 상대방에게 화난 감정을 확실히 표현하고 그만두게 해요. 정확히 표현해야 상대도 자기 행동이 친구에게 상처가 된다는 걸 확실히 깨달아요.

한빛 선배가 도와줄게
능력을 키워서 실력으로 말해.

방법 3 더 뛰어난 내가 될 수 있도록 끊임없이 실력을 키워요. 비웃고 도발하던 사람들이 더는 무시 못 하도록 말이죠. 조롱과 도발에 빠져 허우적대지 말고 더 강한 나로 성장해 봅시다.

조금씩 성장하는 우리

누가 조롱하고 도발할 때는 그 상황을 따로 떼어 놓고 생각해 봐. 상대가 그저 순간의 즐거움을 위해 그런다면 무시해 버리면 돼. 하지만 상처받았다는 기분이 들면 용감하게 제지하고 나서야 해. 물론 계속해서 우리가 실력을 키워나가면 상대방도 함부로 놀리지 못할 거야.

도움이 될 만한 표현들

- 진정하고 침착하자.
- 그러지 마, 나 상처받아.
- 더는 무시하지 못하게 열심히 노력해야지!
- 다시는 그렇게 말하지 마, 또 그러면….

10 누가 나를 오해해!

♥ 내 마음 들여다보기 ♥

좋은 일을 했는데 되려 주변 사람에게 오해를 샀다면, 어떤 생각이 드나요? (   )

A. 다른 사람이 어떻게 생각하든 난 잘못한 거 없어.

B. 너무 속상해. 다시는 그 사람들을 상대하지 않을 테야.

C. 천천히 기다리지, 뭐. 언젠가는 그 사람들도 사실을 알게 될 거야.

D. 그 사람들에게 오해라고 제대로 설명할래.

마음속 고민

한빛 선배가 도와줄게

모두가 똑같은 정보를 갖고 있진 않으니까 오해할 수도 있어.

방법 1 가족이든 친구든 이런저런 오해는 할 수 있어요. 모든 사람이 똑같은 정보를 얻는 게 아니기 때문이죠. 사람은 신이 아니기에 모든 진실을 알 수 없거든요. 그러니까 오해를 샀을 때는 혼자 끙끙 앓지 말고 솔직하게 설명하는 것이 가장 중요해요.

한빛 선배가 도와줄게

먼저 진정한 다음, 차분하게 실제 상황을 설명해 봐.

방법 2 누가 날 오해하면 우리는 종종 화를 내거나 억울해하죠. 격해진 감정이 가라앉지 않았다면 성급하게 해명하려 하지 말고, 음악을 듣거나 산책을 하면서 진정한 다음에 자초지종을 설명하도록 해요. 그래야 상대방과 효과적으로 소통할 수 있고, 오해와 서먹함을 더 원활하게 풀 수 있답니다.

한빛 선배가 도와줄게

대범하게 사과를 받고 자기 생각을 말해 봐.

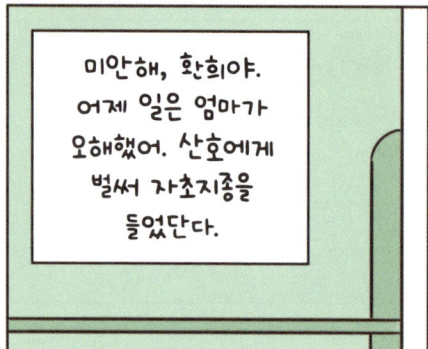

방법 3 오해가 풀리면, 보통 오해한 사람은 사과를 해요. 그럴 때 모나게 굴지 말고 대범하게 사과를 받아준 뒤 자기 생각을 말해 보세요. 어쨌든 우리의 목적은 전처럼 사이좋게 지내는 것이니까요.

조금씩 성장하는 우리

오해가 생겼을 때 입을 꾹 다물고 있으면 안 돼. 적극적인 소통이야말로 빠르게 오해를 푸는 방법이거든. 온화하게 사건의 자초지종을 말하고 진심으로 해명하면 관계는 예전처럼 회복될 거야.

도움이 될 만한 표현들

☐ 솔직하게 터놓고 진심으로 소통하면 인간관계 문제의 80퍼센트 이상은 해결돼요.

☐ 혼자 추측만 하는 건 소용없어요. 진지하게 자기 생각을 표현해야 해요.

☐ 과거는 훌훌 털어 내고, 너그러운 태도를 가져 보아요.

11 친구와 싸웠는데 어떻게 화해하지?

● 내 마음 들여다보기 ●

친구와 화해하고 싶을 때, 무슨 생각을 하나요? (　　)

A. 서로 한발씩 양보하면 좋겠다. 이번에는 내가 먼저 물러서야지.

B. 내가 왜 먼저 사과해? 잘못은 친구가 했는데.

C. 내가 먼저 사과하면 너무 창피할 것 같아.

D. 일단 며칠 있어 볼래. 분명 친구가 못 참고 먼저 사과할 거야.

마음속 고민

한빛 선배가 도와줄게

진정하고 우정을 위해 한발 먼저 양보해.

한 번씩 돌아가면서 하는 게 규칙인데, 다시 기회를 주면 안 된다고 말한 게 잘못이야? 나더러 매정하대!

거울을 봐. 화난 네 얼굴 못나 보이지 않니?

환희야, 게임할 때 반드시 승부를 가려야 해?

그렇진 않아. 다들 즐거우면 되지.

네가 잘못한 건 없지만, 대결이 아니니까 굳이 원칙을 따지지 않아도 괜찮아.

환희야, 네가 왜 고은이와 친구로 지내는지 한번 생각해 볼래?

고은이는 배려심이 많고 모든 친구에게 다정해.

그 다정함 덕분에 너희가 친구로 지내는 거야. 고은이는 이번에도 친구를 배려해 준 거 아닐까? 그런 고은이와 절교하면 후회하지 않겠어?

그러네.

방법 1 친구와 다툴 수 있어요. 그럴 때는 일단 진정한 다음 다투게 된 원인을 곰곰이 생각해 봐요. 그런 뒤 내가 잘못한 부분은 없었는지 살펴보고, 상대방의 장점을 떠올려 보세요. 이제 마음속으로 한번 생각해 봅니다. '이렇게 좋은 친구인데 어떻게 싸웠다고 미워할 수 있겠어?'

한빛 선배가 도와줄게

대치 상태를 깨는 것이 화해의 첫걸음이야.

방법 2 흔히 싸운 친구에게 먼저 찾아가는 걸 창피한 일이라고 생각하죠. 그럴 때 스스로 이렇게 말해 봐요. "별일 아냐." 그리고 용감하게 친구에게 다가가 화해하고 싶다고 말하세요. 그럼 친구도 자기 행동을 반성하며 금방 화해할 수 있답니다.

한빛 선배가 도와줄게

아무 일 없었던 것처럼 친구에게 다가가.

> 방법 3 친구와 싸운 뒤에, 마치 아무 일도 없었던 것처럼 친구를 대해 보세요. 같이 집에 가야 할 때는 집에 가고, 모르는 문제가 있으면 다가가 물어보고, 맛있는 건 나눠 먹고요. 그러면 친구도 싸운 일을 마음에 담아 두지 않고 잊어버릴 거예요.

조금씩 성장하는 우리

친구와 다툼은 피할 수 없어. 싸워도 괜찮아. 내가 먼저 화해의 손길을 내밀 거니까. 친구도 그렇게 생각하고 날 찾아올 테니, 내가 좀 더 적극적으로 나서는 거지. 아니면 아예 싸운 적 없는 것처럼 친구와 대화하고, 장난쳐도 돼. 싸우고 화해한 다음에는 전보다 더 끈끈한 사이가 될 거야!

도움이 될 만한 표현들

- ☐ 미안해, 내가 나빴어. 너한테 _____ 하면 안 되는데….
- ☐ 먼저 사과하는 건 뻔뻔해서가 아니라, 우리 우정을 중요하게 생각해서야.
- ☐ 이 세상에 진실하고 똑똑한 친구보다 더 소중한 건 없어.
- ☐ 마음이 잘 맞는 친구를 얻는 건 정말 어려운 일이야. 이 우정과 인연을 소중히 여겨야 해.

12 잘못은 했지만, 사과하기는 너무 창피한걸

♥ 내 마음 들여다보기 ♥

동네 공용 물품을 망가뜨려서, 이웃집 할아버지, 할머니께 혼났어요. 이럴 때 어떻게 하면 좋을까요? (   )

A. 너무 창피해요. 집에 숨어서 안 나가고 부모님한테 해결해 달라고 해요.

B. 성심껏 사과해요.

C. 집에서 물건을 던지며 화를 내고, 별일도 아닌 걸로 유난 떤다고 생각해요.

D. 큰 소리로 울면서 그냥 이 일이 넘어가길 바라요.

마음속 고민

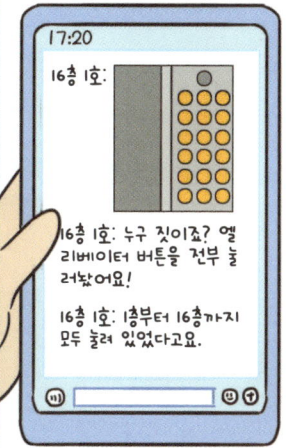

한빛 선배가 도와줄게

잘못한 행동을 사과하는 건 창피한 일이 아니야.

> 한빛 누나, 내가 심심해서 엘리베이터 버튼을 전부 눌렀는데, 다들 화가 났어. 어떡하지?

> 잘못했다고 사과하면 되지.

> 하지만… 내가 잘못했다는 것도 이제 알았고, 사과하는 건 창피한데.

> 잘못했으면 사과해야지. 잘못을 저지르고서 인정도, 사과도 안 하면 상황이 악화돼.

> 너 혼자 잘못을 깨달으면 뭐 해. 다른 사람들은 모르는걸!

> 그러네, 모두에게 미안하다고 말해야겠어!

방법 1 잘못을 저질렀을 때 우리는 혼날까 봐 무섭고, 사과하자니 창피해서 용서를 구할 용기를 내지 못하곤 해요. 잘못을 저지르고 사과하는 건 아주 자연스러운 일이에요. 미안한 마음을 말해야 다른 사람도 알 수 있답니다. 그러니까 우리 용감하게 잘못을 인정하고 사과해요.

한빛 선배가 도와줄게

"미안해."라고 말만 하지 말고, 진심으로 잘못을 인정하고 용서를 구해요!

방법 2 가끔은 "미안해." 한 마디만으로는 문제를 해결할 수 없어요. 이럴 땐 어쩌다가 그렇게 되었는지 상황을 설명한 다음, 잘못을 인정하고 상대에게 용서를 구해요. 진심 어린 사과를 해야 상대방에게 용서받을 수 있어요.

한빛 선배가 도와줄게

잘못을 고치겠다는 너의 결심을 행동으로 보여 줘.

방법 3 잘못을 저질렀다면 말로만 사과하지 말고 잘못을 고치려는 나의 의지를 행동으로 보여 줘야 해요. 사과 편지를 쓴다거나, 내 잘못으로 생긴 피해를 만회할 일을 하는 것도 좋은 방법이랍니다.

조금씩 성장하는 우리

잘못은 누구나 저질러. 하지만 나는 잘못을 저지른다면 용감하게 마주할 거야. 도망치지 않고, 변명하지 않고, 진심을 담아 사과하고, 잘못을 고치겠다는 의지를 행동으로 보여 줄 테야. 가끔 악수와 포옹으로 미안함을 표현하기도 하고, 작은 선물을 주기도 할래. 최대한 내 진심을 표현해서 용서받겠어!

도움이 될 만한 표현들

- ☐ 책임지는 법을 배워야 하고, 잘못을 했으면 사과해야 해.
- ☐ 미안해, 일이 이렇게 된 건….
- ☐ 일부러 그런 게 아니야. 이런 일이 또 생기지 않도록 앞으로 더 조심할게.
- ☐ 용서해 줘. 잘못된 행동은 고치고 다시는 그러지 않을 거야!

3

단체 활동을 잘하고 싶어요

13. 어떻게 하면 자연스럽게 동아리에 들어갈 수 있을까?

14. 단체 활동에 친구들이 협조를 안 해

15. 토론하는데 다른 사람들과 생각이 달라!

13 어떻게 하면 자연스럽게 동아리에 들어갈 수 있을까?

♥ 내 마음 들여다보기 ♥

학교 자원봉사 동아리에 가입하고 싶어요. 어떻게 할까요? (   )

A. 가입한 친구의 경험담도 듣고 나와 동아리의 교집합도 열심히 찾아봐요.

B. 대충 내 이름과 학급만 소개할래요.

C. 나의 장점과 단점을 전부 말하면, 결국 인재를 알아보겠죠.

마음속 고민

한빛 선배가 도와줄게

가입 절차와 조건을 파악하고 거기에 맞춰서 준비해.

학교 기자단에 가입하고 싶어서 지원서를 받았는데, 뭘 해야 할지 모르겠어.

일단 구체적인 조건부터 알아보고 거기에 맞춰 준비하자.

선배, 기자단 가입 조건이 뭐예요?

기자단에 가입하려면, 책임감이 있어야 해. 표현력과 글쓰기 실력도 좋아야 하고.

선배, 작성한 지원서 가지고 면접 보러 가면 돼요?

응, 면접장에서 바로 결과가 나올 거야.

물어보니까 가입 준비하기가 수월해졌어.

방법 1 마음에 드는 동아리에 가입하고 싶다면, 먼저 모집 조건과 가입 절차를 파악해야 해요. 그에 맞춰서 준비하면 어떻게 면접을 봐야 할지 계획이 서기 때문에 합격 가능성이 더 높아진답니다.

한빛 선배가 도와줄게

동아리에 가입한 친구에게 경험을 물어봐.

> 한빛 언니, 면접 때 자기소개 이외에 또 뭘 준비하면 좋을까?

> 우리 고수한테 물어볼까?

> 작년에 기자단에 가입한 총명이한테 물어봐!

> 총명아, 면접 때 자기소개 말고 또 뭘 준비해야 해?

> 면접 담당 선생님이 기자단에 가입한 후에 어떻게 할 건지 질문할 거야.

> 참, 즉흥 인터뷰를 시킬 수도 있어. 인터뷰 영상을 몇 편 보고 공부해 가.

> 나는 면접을 볼 때….

> 가르쳐 줘서 고마워.

방법 2 동아리에 이미 가입한 친구는 우리가 참고할 만한 풍부한 경험을 갖고 있어요. 그 친구에게 면접 내용을 물어보거나 조언을 구한다면 혹시 모를 만일에 대비할 수 있어요.

한빛 선배가 도와줄게

면접 때, 나의 장점과 동아리 모집 조건의 접점을 강조해 봐.

방법 3 동아리마다 원하는 모집 조건이 있어요. 면접을 볼 때 그에 맞는 자신의 장점을 강조해 보세요. 기자단을 예로 들면, 글쓰기 능력이나 관찰력, 표현력, 사고력을 중점적으로 보여 주는 거죠. 춤 동아리라면 춤 실력이나 춤에 대한 열정 등을 보여 줄 수 있고요. 동아리 모집 조건에 어울리는 장점을 강조하면 합격 확률은 더 높아져요.

조금씩 성장하는 우리

동아리에 가입하려면 먼저 필요한 절차와 조건을 확인해야 해. 가입한 친구에게 경험을 묻거나 인터넷 검색을 통해 배울 점은 없는지 살펴봐도 좋아. 면접 때는 심사 위원들이 날 적임자라고 생각하도록 과감하게 나를 표현할 거야.

> **도움이 될 만한 표현들**
>
> ☐ 동아리 모집 조건을 알고 싶어요.
> ☐ 동아리에 어떻게 가입했는지 네 경험을 들려줄래?
> ☐ 저는 _____을 좋아하고, _____을 잘합니다. 동아리에서 저의 특기를 충분히 발휘하고 동아리 활동도 잘 해낼 거예요.

14 단체 활동에 친구들이 협조를 안 해

● 내 마음 들여다보기 ●

선생님께서 '환경보호 캠페인' 팀을 짜서 방과 후 학교 근처 쓰레기를 주우라고 하셨지만, 다들 참가하기 싫어해요. 이때 여러분은 어떻게 할 건가요? (　　)

A. 다들 참가하기 싫어하니 나도 그냥 포기해 버려요.
B. 친구들에게 화를 내면서 책임감 없다고 질책해요.
C. 선생님한테 가서 하소연해요.
D. 친구들이 함께할 방법을 생각하고, 같이 하도록 유도해요.

마음속 고민

한빛 선배가 도와줄게

친구들에게 참여의 필요성을 얘기해 봐.

곧 합창 대회인데 다들 연습은 안 하고 자기 할 일만 하네!

화만 내는 건 소용없어. 네 생각을 친구들에게 말해 봐.

어떻게 말해야 할까?

친구들에게 열심히 연습해야 하는 이유를 말해 봐.

응, 해 볼게!

친구들아, 우리는 하나의 팀이야. 이번 합창 대회 점수는 학기 말 우수 학급 선정 때 반영돼.

대회까지 5일밖에 안 남았어. 더는 연습을 미룰 시간이 없어. 너희도 지고 싶지 않지?

그러니까 우리 함께 열심히 준비해 보자!

알았어.

방법 1 사람들이 협조하게 만들려면 인내심을 갖고 그 일의 중요성을 설명해야 해요. 왜 참여해야 하는지, 얼마나 긴박한 일인지 등에 대해서 말이죠. 이때 '단체의 힘'을 강조하면 적극적인 참여를 끌어낼 수 있어요.

한빛 선배가 도와줄게

친구들을 많이 격려하고 칭찬해 줘.

> 오늘은 그만하자. 너무 힘들다!

> 3일째인데 합이 여전히 안 맞아.

> 환희야, 이럴 때일수록 친구들을 격려하고 잘한 점을 칭찬해 줘야 해.

> 얘들아, 우리 한 번만 더 해 볼까?

> 또? 벌써 두 번이나 했잖아.

> 아까 선생님이 지나가면서 보시곤 칭찬하셨어. 좀 더 연습하면 잘 출 수 있을 거야!

> 잘한다, 산호는 위치가 정확해! 고은이는 동작이 우아하고.

> 우리 한 번 더 하자!

> 연습을 많이 하면 무대에서도 잘할 거야!

방법 2 잘하지 못할 때, 질책 말고 장점을 인정해 주거나 잘한 친구를 칭찬하면서 격려와 응원을 해 봐요. 사람들은 인정을 받으면 더 단합하고 자신감 있게 활동에 몰입한답니다.

한빛 선배가 도와줄게

친구들의 서로 다른 장점을 파악하고 합리적으로 일을 나눠 주자.

> 곧 청소 검사 시간인데, 우리 반은 아직도 더럽네.

> 업무 분담이 잘 안 됐나 봐. 먼저 친구들의 장점을 생각해 봐.

> 산호는 세심하니까 바닥 쓸기에 적합해. 강건이는 힘이 세니까 물을 떠 오고….

> 각자의 장점에 따라 업무를 분담할래. 효율이 높아질 거야!

> 다들 할 일을 나눠 줄게. 1조는 책상을 닦고, 조장은 왕고은….

> 각 조 조장이 책임지고 맡아서 해. 30분 후에 검사할게!

> 응!

방법 3 단체 활동을 할 때는 각 친구의 장점과 특기는 물론 성격적 특징까지 고려해서 합리적으로 일을 나눠야 해요. 그래야 능력이 빛을 발하며 자기가 해야 할 일이 무엇인지 정확히 알 수 있죠. 또한 더 효율적으로 일할 수 있어요.

조금씩 성장하는 우리

단체 활동을 한 번 경험하고 나니 다음 단체 활동에도 자신감이 생겼어. 친구들에게 단체 활동의 중요성을 잘 설명하고, 서로 격려하며 열심히 하니 다들 적극적으로 참여하더라. 또한 적절한 업무 분담을 통해 각자 장점을 발휘하면서 효율적으로 일할 수 있었어.

도움이 될 만한 표현들

- 우리는 한 팀이니까 성공도 실패도 함께 나누는 거야. 단합해야 성공할 수 있어.
- 우리 함께 힘내자!
- 시간은 기다려 주지 않아. 1분 1초도 헛되게 쓰지 않아야 다른 팀을 이길 수 있어.
- 너희가 최고야! 우리는 최고가 될 수 있을 거야!

15 토론하는데 다른 사람들과 생각이 달라!

♥ 내 마음 들여다보기 ♥

친구들과 장기 자랑 준비로 토론하는데, 나와 친구들의 생각이 완전히 달라요. 어떻게 할까요? (　　)

A. 내 판단을 의심해요.
B. 혼자 튀면 안 좋을 것 같아서 친구들과 같은 선택을 할래요.
C. 용감하게 반대 의견을 말하지만, 이유는 설명하지 않아요.
D. 무조건 내가 옳아요. 이유는 없어요. 내 의견을 듣지 않으면 장기 자랑은 망해요.

마음속 고민

한빛 선배가 도와줄게

생각을 솔직하게 표현하는 건 나쁜 게 아니야.

이번 미술 전시에 우주 비행선을 만들어서 내자. 다들 깜짝 놀랄 거야!

좋은데?

난 찬성!

환희야, 혹시 다른 의견이 있니?

에휴~

우주 비행선을 만들기엔 시간이 빠듯해서 점토 작품이 나을 거 같아. 하지만 내가 반대하면 친구들 기분이 상할까 봐 걱정돼.

환희야, 매번 다른 사람과 생각이 같을 순 없어. 네 생각을 말해도 감정은 상하지 않는단다.

더 나은 방법이 있고, 그게 모두에게 좋다면 친구들이 화낼 이유가 있을까? 네 생각을 정확히 표현하기만 하면 돼.

알겠어, 지금 가서 말할게.

방법 1 친구들과 지내다 보면 생각이 다를 때가 종종 있는데, 여러 이유로 우리는 솔직한 생각을 표현하지 못해요. 하지만 생각이 다르다고 해서 내가 별난 것도 아니고, 반대 의견을 가졌다고 친구를 잃지도 않아요. 솔직한 생각을 표현하는 것이 좋다는 걸 깨달으면 반대 의견을 말하는 것도 두렵지 않을 거예요.

한빛 선배가 도와줄게

개인의 갈등보다 활동의 순조로운 진행을 우선으로 생각해.

"학급 게시판 어떻게 꾸밀지 친구들과 상의 안 해?"

"하늘이가 사계절을 주제로 시를 쓰자는데, 난 별로거든. 하지만 며칠 전에 하늘이랑 싸워서 말하기 좀 그래."

"그 친구라서 반대하는 게 아니잖아. 네 생각은 어떤데?"

"사실 '동심'을 주제로 하는 게 더 어울릴 것 같아."

"맡은 일에 관한 의견만 제시하면 돼. 왜 그렇게 생각하는지 구체적으로 말하렴."

방법 2 언제, 어떤 상황에서든 의견을 제시하는 건 단체 활동을 원만히 진행하기 위해서예요. 그러므로 반대 의견을 제시할 때는 일에 초점을 맞추고 공사의 감정을 구분해야 합니다. 갈등이 있었다고 자기 의견을 말하지 않으면 안 돼요. 문제를 해결하는 게 가장 중요하니까요.

한빛 선배가 도와줄게

기술적으로 반대 의견을 제시해 봐.

내일 산호, 고은이랑 어린이날 행사 준비에 대해 상의하기로 했는데…. 의견이 다르면 어떡하지?

그럴 땐….

다음 날

요즘 유행하는 아이브의 〈LOVE DIVE〉 춤을 추자.

찬성! 안무 영상도 많고, 다들 아는 노래니까.

맞아, 유명한 곡이라 준비하기 쉽겠다.

하지만 문제가 있어. 이 노래가 너무 유행이라 다른 반과 겹칠 수도 있거든.

맞는 말이야.

3인 연극을 해 보는 건 어떨까? 연습하기도 쉽고, 새롭잖아. 너희 생각은 어때?

찬성!

일단 상대의 생각을 긍정한 다음, 장단점을 분석해서 말해 봐. 그럼 쉽게 받아들일 거야.

방법 3 친구들과 생각이 다를 때 성급히 친구의 관점을 부정하지 말고 존중해 줘요. 친구들의 생각을 긍정한 다음 아쉬운 점을 짚어 가며 내 의견을 제시하는 거예요. 그러면 친구들도 감정적으로 동요하지 않고 거부감도 느끼지 않으면서 내 의견을 더 잘 들어줄 거예요.

조금씩 성장하는 우리

　사람의 생각이 다 똑같을 수는 없어. 그러니까 반대 의견이 있으면 말해도 돼. 하지만 기술적으로 말하면 좋겠지? 먼저 상대의 생각을 긍정하고 반대하는 이유를 설명해. 감정적으로 상대를 대하지 말고 차분하게 토론하고 소통하면 사람들이 우리 의견을 더 잘 들어줄 거야.

> **도움이 될 만한 표현들**
>
> ☐ 방금 말한 방법도 정말 좋은데, 시간이 좀 걸릴 것 같아. 나한테 더 간편한 방법이 있어.
> ☐ 방금 계획에 관해 내 생각을 말하고 싶어.
> ☐ ＿＿＿도 좋은데, ＿＿＿한 단점이 있으니까 ＿＿＿이 더 나을 것 같아. 다들 어떻게 생각해?

4

친구 집에 놀러 갔어요

16. 처음으로 친구 생일 파티에 간다면

17. 친구 집에 놀러 갔는데 친구가 바빠. 어떡하면 좋지?

16 처음으로 친구 생일 파티에 간다면

♥ 내 마음 들여다보기 ♥

친구가 생일 파티에 초대했어요. 생일 파티는 처음인데, 어떻게 할까요? (   )

A. 친구에게 진심으로 "생일 축하해."라고 말해요.

B. 생일 파티 중에 소리를 지르면서 뛰어다니고 딴 친구들과 떠들어요.

C. 의미가 있는 생일 선물을 정성껏 준비해요.

D. 차려진 음식을 게걸스럽게 먹고 남의 것도 막 뺏어 먹어요.

마음속 고민

한빛 선배가 도와줄게

의미 있는 선물을 준비해.

방법 1 선물은 친구에게 전하는 축복을 의미합니다. 생일 파티에 가기 전에 의미 있는 선물을 열심히 준비해 보아요. 직접 카드를 만들어도 좋고, 예쁜 돌을 주워서 재미난 그림을 그려도 좋아요.

한빛 선배가 도와줄게

큰 소리로 생일 축하한다고 말해 봐.

방법 2 누구에게나 생일은 무척 중요한 날입니다. 생일 파티에 가면 생일 당사자에게 준비한 선물을 주고 큰 소리로 축하의 말을 전해 봐요. 간단하게 "생일 축하해."라고 할 수도 있고 "모든 일이 잘되길 바랄게.", "매일 행복해!" 이런 축하의 말을 할 수도 있겠죠. 친구가 들으면 무척 기뻐할 거예요.

한빛 선배가 도와줄게

식탁 예절을 주의하자.

방법 3 생일 파티에서 밥을 먹을 때는 식탁 예절을 주의해야 해요. 말소리는 너무 커도 안 되고, 다른 사람이 밥을 먹을 때 마구 뛰어다녀도 안 돼요. 침이 튀니까 음식을 씹으면서 말해도 안 되고, 최대한 자기 앞에 있는 음식을 집도록 해요. 생일인 친구가 말할 때는 하던 일을 멈추고 진지하게 들어줘요.

조금씩 성장하는 우리

친구 생일 파티에 처음 가면 갈팡질팡할 수 있지만, 미리 공부를 좀 해 두면 많은 문제를 피할 수 있어. 의미 있는 선물을 준비하고, 파티에서 대범하게 전해 줘. 그리고 집안 어른에게 주의해야 할 점은 없을지 미리 물어보고 기억해 둔 다음 생일 파티에 가면 돼.

도움이 될 만한 표현들

☐ 초대해 줘서 고마워. 네 생일 파티에 와서 너무 좋아, 생일 축하해!
☐ 생일 축하해, 매일 행복하길 바랄게.
☐ 내가 직접 만든 입체 카드야. 우리 오래오래 친하게 지내자.
☐ 이 돌은 작년에 내가 바닷가에서 주워 온 건데, 위에 강아지 두 마리를 그렸어. 이 강아지들처럼 우리 우정도 영원하길 바라.

17 친구 집에 놀러 갔는데 친구가 바빠. 어떡하면 좋지?

♥ 내 마음 들여다보기 ♥

같은 반 친구 집에 놀러 갔어요. 신나서 놀다 보니 집이 어지럽혀졌어요. 친구의 어머니는 요리를 하시느라 바쁘세요. 이럴 때 어떻게 할 건가요? (   )

A. 친구 어머니께 도와드릴 건 없는지 물어봐요.
B. 돕기 쑥스러워서 옆에서 지켜만 봐요.
C. 친구 어머니는 무시한 채 친구랑 노는 데 집중해요.
D. 친구에게 제대로 안 챙겨 준다며 투덜거려요.

마음속 고민

한빛 선배가 도와줄게

도울 일이 없을지 직접 물어봐.

방법 1 여럿이 친구 집에 놀러 갔을 때, 집주인은 바빠서 허둥지둥할 수 있어요. 돕고 싶은데 뭘 해야 할지 모르겠다면, 집주인에게 도울 일은 없는지 직접 물어보면서 예의 바른 손님이 되어 보아요.

한빛 선배가 도와줄게
할 수 있는 일이라면 적극적으로 나서자.

방법 2 우리가 손님이긴 하지만 주인이 바쁠 때는 '센스'를 발휘해 보아요. 음료도 나르고, 컵도 씻고, 쓰레기도 버리는 등 할 수 있는 일을 하면 여러분에 대한 집주인의 호감이 배로 증가할 거예요.

한빛 선배가 도와줄게

친구들에게 폐를 끼치지 말자고 얘기해.

방법 3 친구 집에 갔을 때, 집주인이 다른 일로 바쁠 수가 있어요. 이럴 때는 폐를 끼치지 않도록 주의하고 친구들에게도 예의 바르게 행동하자고 말해요.

조금씩 성장하는 우리

좋은 손님이 되려면 집주인에게 긍정적인 인상을 심어 주는 게 중요해. 난 집주인이 바쁠 때는 도와줄 일이 없을지 직접 물어보기도 하고, 눈치껏 내가 할 수 있는 일을 하기도 하지. 함께 놀러 간 친구들에게 너무 시끄럽게 하거나 이것저것 요구하며 귀찮게 하지 말라고도 일러둬.

도움이 될 만한 표현들

☐ 내가 도와줄 일은 없어?

☐ 채소 같이 다듬자. 둘이 하면 더 빠르잖아.

☐ 얘들아, 쓰레기는 쓰레기통에 버리자. 청소하기 힘들어.

☐ 나 _____ 할 수 있으니까, 내가 도울게!

5

선생님과 잘 지내고 싶어요

18. 조퇴 허락은 어떻게 받지?

19. 선생님께 혼났어

20. 선생님께 내 의견을 말하기

18 조퇴 허락은 어떻게 받지?

● 내 마음 들여다보기 ●

외할머니가 편찮으셔서 부모님이 병문안을 가자고 하세요. 학교에 조퇴를 신청해야 하는데, 어떻게 할까요? (   )

A. 선생님께 진지하게 이유를 설명하고 허락을 받아요.

B. 부모님께 대신 조퇴 신청을 해 달라고 해요.

C. 선생님의 반대가 무서워서 한참을 망설이다가 말을 못 해요.

D. 일단 학교를 빠진 후, 나중에 학교 가서 해명해요.

마음속 고민

한빛 선배가 도와줄게

사정이 있어서 조퇴하는 건 이상한 일이 아니야. 부담 갖지 마.

— 오늘 오후에 조퇴하고 외할머니 병문안을 가는데 선생님께서 허락하실까?

— 조퇴하는 이유가 있잖아. 놀러 가는 것도 아니니 허락하실 거야.

— 하지만 말이 안 나와. 조퇴를 신청할 때마다 너무 긴장돼.

— 그 기분 이해해. 선생님 앞에 서면 부담스럽고 조퇴 신청하면 안 될 것 같잖아.

— 맞아!

— 그냥 학교 가기 싫은 게 아니라 사정이 있는 거니까 괜찮아.

— 응, 응!

— 다녀와. 별거 아냐!

— 응!

방법 1 조퇴 신청하기 전에 '선생님이 허락 안 해 주시면 어쩌지?', '열심히 공부 안 한다고 혼내시진 않으실까?' 등의 걱정을 할 수 있어요. 하지만 사정이 있어서 조퇴하는 건 지극히 정상적인 일이므로 선생님도 나무라실 리 없어요. 그러니 너무 부담스럽게 생각하지 말아요. 이유 없이 조퇴하거나 꾀병을 부리는 게 아니라면 허락받을 수 있답니다.

한빛 선배가 도와줄게

선생님께 조퇴하는 이유를 설명해.

방법 2 조퇴 신청할 때, 조퇴 의사를 밝혀야 할 뿐만 아니라 조퇴하는 이유를 분명히 설명해야 해요. 선생님께서 '왜'를 묻기 전에 잘 생각해서 상황을 설명하고 차분하게 선생님의 대답을 기다려요. 예의범절도 신경 써야 해요. 교무실에 들어가기 전에 노크하고 허락을 받은 다음 들어가요. 선생님께는 존댓말을 하고, 또 담임 선생님께는 잘 들리지만 주변 선생님들께 방해가 되지 않게 목소리도 적당히 키워요.

한빛 선배가 도와줄게

조퇴 신청서를 써서 선생님께 드려 봐.

방법 3 여러 가지 이유로 선생님께 직접 말할 수 없을 때, 조퇴 신청서를 써서 대신 전달할 수 있어요. 주의할 점은 조퇴하는 이유와 기간을 분명하게 써야 해요. 아니면, 부모님께 부탁해 선생님께 전화하거나 문자를 보내는 것도 좋은 방법이랍니다.

조금씩 성장하는 우리

조퇴든 결석이든 두려워하지 마. 사실대로 사정을 이야기하면 아무 문제 없어. 보통 갑작스러운 상황만 아니면 나는 교무실에 찾아가서 직접 선생님께 말해. 횡설수설하지 않도록 미리 연습을 한 번 하고 가지. 직접 뵙고 말할 수 없다면 조퇴 신청서를 쓰거나 전화, 문자를 보내도 돼.

도움이 될 만한 표현들

☐ 이유가 있다면 선생님도 이해하실 거야.

☐ 선생님, _____ 때문에 _____일 동안 학교에 못 갈 것 같아요. 허락해 주세요.

☐ 이 조퇴 신청서를 선생님께 전달해 줄래?

19 선생님께 혼났어

♥ 내 마음 들여다보기 ♥

선생님께 혼났어요. 어떻게 할까요? (   )

A. 선생님이 미워요. 수업도 듣기 싫어요.

B. 진심으로 잘못을 인정하고 고쳐요.

C. 좌절에 빠져 며칠 동안 속상해할 거예요.

D. 선생님이 일부러 날 혼낸다고 생각하고 선생님께 대들어요.

마음속 고민

한빛 선배가 도와줄게

용감하게 너의 잘못을 인정해.

방법 1 선생님께서는 우리를 난처하게 하려고 혼내시는 게 아니에요. 우리가 더 나아지길 바라시죠. 잘못을 저질러 혼나면 내가 뭘 잘못했는지 깨닫고 진심으로 선생님께 잘못했다고 말해요. 잘못을 알고 고친다면 선생님도 용서해 주실 거예요.

한빛 선배가 도와줄게

선생님이 오해했다면 정확히 설명하면 돼.

방법 2 선생님께 잘못을 지적받으면 우리는 억울하기도 하면서, 어떻게 반응해야 할지 몰라 당황합니다. 이럴 땐 감정을 다스린 다음 선생님께 찾아가 자초지종을 설명하면 됩니다. 정확한 상황을 알면 선생님께서도 혼냈던 행동을 다시 생각해 보실 거예요.

한빛 선배가 도와줄게

잘못을 고치겠다는 너의 결심을 행동으로 보여 줘.

방법 3 선생님이 우리를 혼내는 건, 우리가 잘못된 부분을 고쳐 더 훌륭한 사람이 되길 바라서예요. 잘못을 고치기 위해서는 말뿐만이 아니라, 행동해야 해요. 선생님께 더 나은 내가 되기 위해 노력한다는 걸 보여 주세요.

조금씩 성장하는 우리

누구나 선생님께 혼나. 그러니 꾸지람을 들었다고 한탄하거나 자포자기하지 말자. 잘못했을 때는 용감하게 잘못을 인정하고 고치면 돼. 선생님이 오해했다면 정확히 해명하고 오해를 풀면 돼!

> 년 선생님께 혼난 적 없어?
> 며칠 전에 한 번 혼났어.

> 왜 혼났는데?
> 조회 때, 내가 장난을 쳤는데 선생님께서….

> 그래서?
> 왕 선생님께는 사과드리고, 교장 선생님께는 해명했지.

> 왕 선생님께선 나를 용서해 주셨고, 교장 선생님께서는 나에게 사과하셨어.
> 정말 좋네!

도움이 될 만한 표현들

☐ 선생님, 잘못했어요. 이건 제 잘못이에요.

☐ 선생님, 이번 일을 교훈 삼아 다시는 수업 중에 장난 안 칠게요.

☐ 선생님, 오해하셨어요. ○○선생님께 숙제 공책을 가져다드리느라 그런 거지 노느라 수업 시간을 까먹은 게 아녜요.

20 선생님께 내 의견을 말하기

🍃 내 마음 들여다보기 🍃

선생님께 건의하고 싶은 게 생기면 어떻게 하나요? (   )

A. 선생님께 혼날까 봐 고민만 하다가 포기해요.
B. 의견을 쪽지에 써서 선생님께 드려요.
C. 용감하게 선생님을 찾아가 조리 있게 의견을 말해요.
D. 사람들 앞에서 불만을 말해요.

마음속 고민

한빛 선배가 도와줄게

먼저 자기 생각을 정리하면서 하고 싶은 말을 분명히 파악해 봐.

> 환희야, 무슨 생각해?

> 새로 온 선생님 수업 속도가 빨라서 따라가기 힘들어. 선생님께 말씀드리고 싶은데 어떡해야 할지 모르겠네.

> 그렇구나, 일단 하고 싶은 말이 뭔지 대충 정리해 보자.

> 첫째, 수업을 천천히 해 주시면 좋겠어요. 둘째, 앞에서 배운 내용을 중간에 다시 짚어 주시면 좋겠고….

> 또 있어?

> 분위기가 딱딱하지 않았으면 좋겠어요.

> 봐, 생각을 정리하니까 의견 말하기 어렵지 않지?

방법 1 선생님께 의견을 말할 때, 하고 싶은 말은 잔뜩인데 어떻게 말해야 할지 모를 거예요. 그럴 때는 우선 하고 싶은 말을 생각해 정리한 다음 선생님께 가서 말씀드려요.

한빛 선배가 도와줄게

따로 선생님을 찾아뵙고 근거를 바탕으로 차분하게 내 의견을 말해.

— 왕 선생님께 드릴 말씀이 있는데 언제, 어디에서 말하면 좋을까?
— 수업 끝나고 선생님께 따로 찾아가. 교실에는 친구들도 있으니까 선생님이 민망할 수 있어.
— 응, 수업 끝나고 갈게.

— 왕 선생님, 몇 가지 드릴 말씀이 있는데요.
— 그래, 말해 보렴.
— 대청소 업무 분담이 적절하지 않은 것 같아요. 교실 책상이 다섯 줄이나 돼서 세 명만으로 바닥을 쓸기엔 무리예요.

— 다섯 명이 책상 닦고 다섯 명이 유리창을 닦는데 한데 엉켜 복잡하더라고요.
— 세심하게 생각했구나. 고민해 보고 다시 말해 줄게.

방법 2 선생님께 의견을 말할 때, 선생님의 감정도 충분히 고려해야 해요. 흥분해서 선생님께 대들거나 교실에서 바로 반박하지 않는 게 좋아요. 따로 선생님을 찾아가서 합당한 근거를 대며 의견을 제시하세요.

한빛 선배가 도와줄게

선생님께 쪽지나 편지로 의견을 전달해 봐.

방법 3 여러 가지 이유로 직접 의견을 말하기 어려운 상황이 있어요. 하지만 괜찮아요. 자기 의견을 써서 숙제 공책에 끼워 놓거나 받는 사람을 명확히 써서 교탁 위에 두어도 되고, 직접 전해 드려도 돼요. 그러면 어색하지 않게 의견을 전달할 수 있으니 일거양득이죠.

조금씩 성장하는 우리

선생님께서 의견이 있으면 언제든 말하고 함께 논의하자고 말씀하셨어. 꾸준히 소통해야만 더 나아질 수 있다는 말이 점점 이해가 돼. 그러니까 어렵게 생각하지 말고, 머릿속으로 생각을 정리한 다음 선생님께 말씀드려 봐. 선생님께서는 우리가 의견을 말한다고 기분 나빠하지 않고 도리어 반갑게 맞아 주실 거야.

도움이 될 만한 표현들

☐ 선생님, 말씀드리고 싶은 게 있는데요.

☐ 선생님, 제 의견을 말씀드려도 될까요?

☐ 선생님 지금 수업도 너무 좋은데, 몇 가지 소소한 건의 사항이 있어요. 들어주실 수 있나요?

나를 지키고 너를 사랑하는 관계 맺기 연습

초판 1쇄 발행 2024년 8월 9일

지은이 한투
옮긴이 김희정
펴낸이 민혜영
펴낸곳 데이스타
주소 서울특별시 마포구 월드컵로 14길 56, 3~5층
전화 02-303-5580 | **팩스** 02-2179-8768
홈페이지 www.cassiopeiabook.com | **전자우편** editor@cassiopeiabook.com
출판등록 2012년 12월 27일 제2014-000277호

ⓒ한투, 2024
ISBN 979-11-6827-209-5 (73190)

이 책은 저작권법에 따라 보호받는 저작물이므로 무단 전재와 무단 복제를 금지하며,
이 책의 전부 또는 일부를 이용하려면 반드시 저작권자와 (주)카시오페아 출판사의
서면 동의를 받아야 합니다.

- 데이스타는 (주)카시오페아 출판사의 어린이·청소년 브랜드입니다.
- 잘못된 책은 구입하신 곳에서 바꿔 드립니다.
- 책값은 뒤표지에 있습니다.